Meine TURNSTUNDE

Text Naia Bray-Moffatt
Fotografie David Handley

Dorling Kindersley

Inhalt

Einführung 6–7

Bevor es losgeht 8–9

Dehnen 10–11

Der Spagat 12–13

Das Krafttraining 14–15

Rolle vorwärts und rückwärts 16–17

Kopfstand und Handstand 18–19

Das Rad 20–21

Springen 22–23

Der Pferdsprung 24–25

Der Schwebebalken 26–27

Der Stufenbarren 28–29

Geschafft! 30–31

Die Bodenkür 32–33

Schwebebalken für Fortgeschrittene 34–35

Gerätturnen für Jungs 36–37

Ringe und Barren 38–39

Üben für den Wettkampf 40–41

Die Meisterschaft 42–43

Der Traum von Olympia 44–45

Begriffe und Register 46–47

Dank 48

Einführung

Beim Turnen bewegst du deinen Körper kontrolliert und ausdrucksstark. Dieses Buch zeigt dir, wie man auf einem Schwebebalken balanciert, am Barren schwingt und Rollen am Boden turnt. Dabei trainierst du deine Muskeln und deine Beweglichkeit. Und es macht auch noch riesig Spaß!

Bevor es losgeht

Jessica mag das Turnen in der Schule so gern, dass sie nun zusätzlich in einen Turnverein geht. Dort trainiert Jessica zweimal in der Woche. Die vielen neuen Übungen, die sie lernt, machen ihr eine Menge Spaß. Heute hat Jessica ihre Freundin Hanna mitgebracht. Hanna freut sich sehr auf ihre erste Turnstunde.

Im Umkleideraum ziehen sich Jessica und Hanna ihre Anzüge an. Jessica macht Hanna Zöpfe, damit ihr die Haare beim Turnen nicht in die Augen fallen. Jetzt kann's losgehen.

Das ist Sarah, die Trainerin von Jessica, und nun auch von Hanna. Sarah zeigt den Kindern, wie die Turnübungen richtig und sicher ausgeführt werden.

Aufwärmen

Jede Stunde beginnt mit einem Aufwärmprogramm, das den Körper auf die speziellen Übungen vorbereitet, die später trainiert werden. Rennen, Hüpfen und Springen fördert die Durchblutung und erwärmt die Muskulatur. So wird der Verletzungsgefahr vorgebeugt.

Hohe Sprünge

Sieh nur, wie hoch Jessica und Hanna springen können! Dadurch, dass sie die Beine anziehen, sieht der Sprung noch höher aus.

Rennen

Im Kreis rennen die Mädchen erst zehnmal in die eine Richtung, dann zehnmal in die andere.

Der Spinnengang

Wie eine Spinne auf allen vieren zu laufen ist eine gute Übung zum Aufwärmen. Aber man darf nicht vergessen nach oben zu gucken, damit man den Weg sieht.

„Es macht riesig Spaß
um die Wette zu hüpfen!"
Hanna

Gut gefedert
Die Bodenfläche ist besonders gefedert und mit Teppich bezogen. So können die Kinder ihre Übungen leichter und sicherer ausführen. Und man kann prima darauf hüpfen!

Eines der allerersten Dinge, die die Kinder lernen, ist sauber zu stehen. Eine gute Haltung lässt alle Bewegungen elegant und anmutig aussehen.

Dehnen

Zur Seite beugen
Zuerst werden Arme und Oberkörper gedehnt. Dabei wird ein Arm so weit es geht über den Kopf gestreckt. Der Oberkörper neigt sich zur Seite. Diese Dehnung wird ein paar Sekunden lang gehalten. Dann kommt die andere Seite dran.

Nach dem Aufwärmtraining geht es gleich weiter mit den Dehnübungen. Diese Übungen werden langsam ausgeführt. Jede Körperpartie wird mit einer speziellen Übung gedehnt. Durch das Dehnen wirst du noch gelenkiger. Aber Vorsicht! Die Muskeln dürfen nicht überdehnt werden. Sonst besteht die Gefahr einer Muskelzerrung. Je gelenkiger du wirst, umso weiter wirst du deine Muskeln dehnen können.

 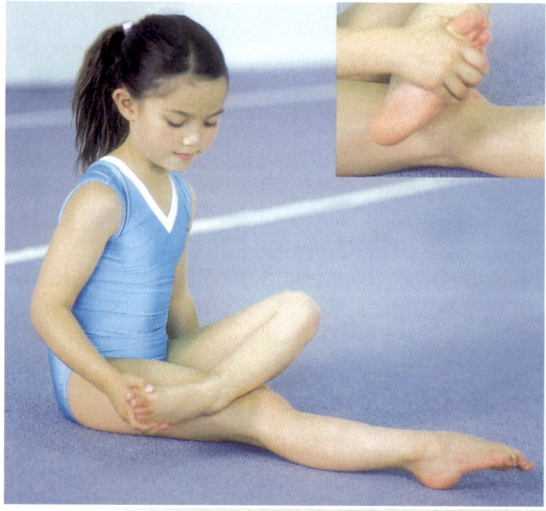 

Arme kreisen
Hanna beginnt die Übung mit nach oben ausgestreckten Armen. Es sieht aus, als würde sie sich die Ohren zuhalten. Wenn Jessica ihre Schulterblätter zusammenzieht, bewegen sich ihre Arme automatisch nach hinten.

Füße kreisen
Hanna hat sich für einen Augenblick hingesetzt, aber sie ruht sich nicht aus. Da sie weiß, dass man beim Turnen starke Gelenke und Füße braucht, lässt sie ihre Füße kreisen.

Der Standspagat
Melanie ist nun gut aufgewärmt. Sie kann ihr Bein problemlos nach oben spreizen, ohne Angst sich dabei zu verletzen. Sie steht nun im Standspagat.

Dehnung der Beine

Tina beugt ihren Oberkörper nach vorn und versucht mit den Händen ihre Zehenspitzen zu erreichen. Dabei bleiben ihre Beine ausgestreckt und flach auf dem Boden. Bei dieser Übung werden die Kniesehnen gedehnt.

So flach wie möglich

Tina und Jasmin versuchen mit dem Bauch auf den Boden zu kommen. Dabei strecken sie ihre Arme ganz weit nach vorn. Die Beine ziehen sie zur Seite in den Japaner-Spagat.

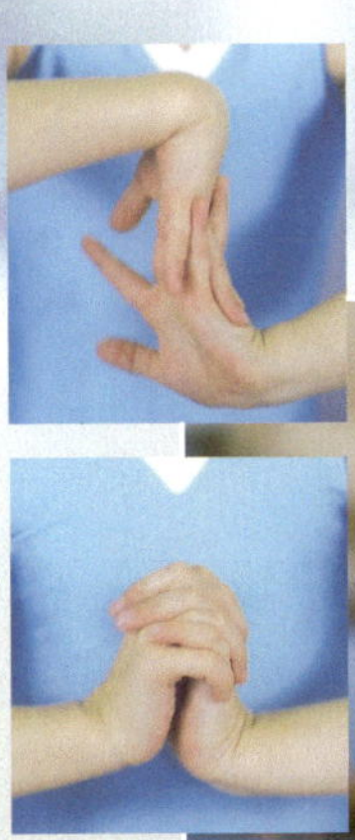

Wenn du mit verschränkten Fingern deine Handgelenke auf und ab bewegst, dehnst und kräftigst du sie zugleich.

Die Handwaage

Zum Glück hat Jessica ihre Handdehnübung gemacht. Denn sie braucht starke Gelenke, um ihr Körpergewicht in der Handwaage zu halten.

Rücken-Dehnung

Jasmin dehnt den Bereich der Lendenwirbelsäule. Dabei hat sie ihren Oberkörper auf die Hände gestützt und ihre Beine liegen ausgestreckt auf dem Boden. Sie zieht ihre Schultern nach hinten und biegt ihren Rücken.

Der Spagat

Eine der wichtigsten Dehnübungen beim Turnen ist der Spagat. Es gibt zwei Varianten, den Spagat und den Querspagat. Beim Spagat wird ein Bein nach vorn und das andere nach hinten ausgestreckt, beim Querspagat sind die Beine seitlich.

Beweglichkeit
Einen Spagat zu lernen, heißt noch gelenkiger zu werden. Aber ärgere dich nicht, wenn es nicht auf Anhieb klappt. Mit der Zeit wirst du beweglicher werden.

Der Ausfallschritt

Der Spagat

Jessica und Tina zeigen Hanna, wie sie den Spagat üben kann. Sie beginnen mit einem tiefen Ausfallschritt. Das vordere Bein ist dabei gebeugt und das hintere wird gedehnt.

Nachdem Jessica und Tina sich mit dem Ausfallschritt vorbereitet haben, lassen sie sich in den Spagat rutschen.

Gestreckte Zehen
Bei den meisten Übungen ist es wichtig, die Zehen zu strecken. Natürlich auch beim Spagat. Sieh nur, wie toll Hanna das kann!

„Bald schaffe ich auch den Spagat!"

Hanna

Der tiefe Ausfallschritt seitwärts

Hanna lernt den Querspagat. Sie beugt ihr linkes Knie auf der einen Seite und streckt das rechte Bein zur anderen Seite aus. Nun versucht sie so tief wie möglich nach unten zu kommen, natürlich ohne dabei ihre Muskeln zu verletzen.

Achte darauf, dass dein Oberkörper nach vorn gerichtet und dein Rücken gerade ist. Deinen Kopf hältst du stets oben.

Jessica ist natürlich schon sehr beweglich und kann sowohl den Querspagat als auch den Spagat.

Im Spagat zur Seite beugen

Um den Querspagat zu lernen, beginne, so wie Hanna, mit dem tiefen Ausfallschritt seitwärts. Du wirst sehen, dass du jedes Mal ein bisschen tiefer kommst. Irgendwann wirst du es schaffen, das andere Bein auch auszustrecken. Wenn du das kannst, versuche dich so weit hinüber zu beugen, dass du deine Zehen erreichst, wie Jessica.

Tiefer Ausfallschritt seitwärts

Das Krafttraining

Ebenso wichtig wie die Beweglichkeit ist beim Turnen die Kraft. Die Kinder machen Übungen, die ihren Körper in Form bringen und aufs Turnen vorbereiten. Außerdem helfen sie dabei, neue Übungen schneller zu erlernen. Die meisten Kräftigungsübungen müssen mehrmals wiederholt werden, um die Muskeln richtig zu trainieren.

An der Sprossenwand

Seilklettern

An der Sprossenwand hängend soll Hanna ihre Beine langsam auf und ab bewegen.

Jessica und Melanie halten das Seil für Hanna. Sie sehen zu, wie Hanna sich mit Füßen und Armen am Seil bis nach oben zieht.

Schiffchenposition in Rückenlage

Die Mädchen liegen auf dem Rücken am Boden und heben dann langsam Arme und Beine ab. Melanie drückt ihre Lendenwirbel fest nach unten, ihr ganzer Körper ist angespannt. Nur nicht vergessen, gleichzeitig Arme und Beine hochzuhalten!

Schiffchenposition in Bauchlage

Als nächstes drehen sich die Mädchen auf den Bauch. Sie halten den Rücken gebeugt, um Arme und Beine vom Boden abzuheben.

„Ich kann die Dehnung spüren."
Hanna

Liegestütz
Tina versucht beim Liegestütz ihren Körper in einer Linie zu halten. Zuerst sind ihre Arme in Schulterhöhe, dann läuft sie auf den Händen so weit es geht nach vorn. Diese Position hält sie ein paar Sekunden. Toll gemacht, Tina!

Die Brücke
Jasmin kann die Brücke schon sehr gut. Sie zeigt Hanna, wie sie genau aussehen muss. Jasmins Rücken ist wunderschön gebeugt, ihre Arme gestreckt und ihre Beine fallen in einer geraden Linie ab.

Hanna versucht eine Brücke zu machen. Zuerst liegt sie mit gebeugten Knien und Armen auf dem Rücken, die Hände und Füße stützt sie auf den Boden. Dann drückt sie sich aus dieser Position nach oben, um eine Brücke zu machen.

Rolle vorwärts und rückwärts

Schon als Baby lernst du, wie man sich rollt – vom Bauch auf den Rücken und von einer Seite zur anderen – und das bevor du überhaupt laufen kannst. Beim Turnen lernst du dich auf ganz viele verschiedene Arten zu rollen und auch an unterschiedlichen Geräten. Es macht viel Spaß und ist eine wichtige Übung. Die beiden wichtigsten Rollen sind die Vorwärts- und die Rückwärtsrolle. Heute stehen für die Kinder beide Rollen auf dem Programm. Sie lernen die Rolle flüssig und ohne zu wackeln, nach einem festen Ablauf zu turnen.

1 Jessica beginnt ihre Vorwärtsrolle aus dem Stand. Sie ist ganz gestreckt, ihre Arme hält sie nach oben.

Die Hocke

2 Sie beugt ihre Knie und geht auf die Zehenspitzen in die Hocke. Die Arme hat sie nach vorn ausgestreckt.

Kopf einrollen

3 Nun stützt Jessica beide Hände flach auf den Boden und legt ihren Kopf dazwischen. Dann drückt sie sich mit Händen und Füßen ab.

Rollen

4 Jessica hat ihr Kinn fest an die Brust gedrückt und ihre Knie eng an den Körper gezogen, während sie rollt.

Abschluss

5 Um die Rolle zu beenden, streckt Jessica beide Arme nach vorn. Mit Schwung landet sie wieder in der Hocke.

In der Hocke	Rollen	In der Hocke

Die Rückwärtsrolle

Jasmin lernt die Rolle rückwärts. Sie ist etwas schwieriger zu turnen als die Rolle vorwärts, da man mehr Kraft in den Armen braucht, um den eigenen Körper über den Kopf zu heben. Jasmin übt deshalb zunächst auf einer schiefen Ebene.

1 Jasmin hockt am oberen Rand der schiefen Ebene. Sie nimmt ihre Hände nach oben, neben die Ohren.

2 Sie rollt rückwärts auf ihre Hände. Nun muss sie sich kräftig abdrücken, um ihre Beine über den Kopf zu heben.

3 Jasmins Rolle endet auf dem Boden in der Hocke. Nun soll sie es ohne die schiefe Ebene probieren.

Jessica und Hanna turnen die Rolle inzwischen sicher und haben Spaß an der schnellen Bewegung.

Gestreckte Beine

Wie Jessica kann Melanie die Rolle mit angezogenen Knien schon. Sie trainiert nun die Rolle vorwärts mit gestreckten Beinen. Sie kommt am Ende mit gegrätschten Beinen zum Stehen.

Kopfstand und Handstand

Kopfstand mit Hilfestellung

Das Kreidedreieck auf dem Boden markiert die Stellen für Tinas Kopf und Hände. Sie legt ihre Stirn auf die Spitze des Dreiecks, dorthin wo sie dann stehen will.

Beide Übungen brauchen viel Training. Anfangs geben sich die Mädchen gegenseitig Hilfestellung, bis sie sich sicher genug fühlen die Übung allein zu turnen.

Heute üben die Kinder auf ihren Händen und Köpfen zu stehen. Sie beginnen mit dem Kopfstand. Der ist leichter, da man sich ja sowohl auf die Hände als auch auf den Kopf stützen kann. Danach trainieren sie den Handstand. Von allen Übungen beim Turnen ist das wohl die wichtigste. Die Kinder geben sich viel Mühe die Übung richtig auszuführen.

Füße heranziehen

1 Tinas Beine sind gestreckt. Langsam zieht sie ihre Füße in Richtung Hände. Melanie steht zur Sicherheit daneben, falls Tina umfällt.

Beine heben und anziehen

2 Tina hebt ihre Beine an und zieht sie dicht an ihren Körper. Melanie stützt Tina in der Taille, während Tina ihre Hüfte über den Kopf kippt.

Beine strecken

3 Jetzt hebt Tina ihre Beine über den Kopf. Ihre Beine bleiben leicht schräg, sodass ihr Gewicht sich noch immer auf ihre Hände und ihren Kopf verteilt.

Anfangs fühlt sich Jessica mit Tinas Hilfe sicherer.

Gebückter Kopfstand

Melanie geht in den Vierfüßlerstand, um Tina eine Möglichkeit zu geben, sich anzulehnen, während sie die Beine zum Kopfstand heranzieht.

Der Ausfallschritt *Auf die Hände stützen* *Die Balance*

1 Melanie nimmt ihre Arme hoch über den Kopf und macht einen großen Schritt nach vorn. Sie steht jetzt im Ausfallschritt.

2 Sie stützt ihre Arme auf den Boden und drückt sich mit dem vorderen Bein ab. Das hintere Bein schwingt währenddessen nach oben.

3 Melanie krallt ihre Finger in den Boden. So kann sie die Balance länger halten.

Der Handstand

Melanie kann den Handstand ohne Hilfe turnen. Sie hat viel geübt und nun kann sie sich schon sehr lange im Handstand halten.

Das Rad

Wenn du den Handstand kannst, bist du bereit das Rad zu lernen. Ein Rad turnen heißt, sich in einer Linie auf den Händen zu bewegen und die Beine dabei über den Kopf zu schwingen. Jessica beginnt ihr Training mit Hocksprüngen über die Bank. Wenn du die Sprünge mit gestreckten Beinen schaffst, bist du bereit auf den Boden zu gehen. Jessica ist ein bisschen aufgeregt, da sie schon weiß, wie das Rad geht und es den anderen Kindern unbedingt zeigen will.

Mithilfe einer Bank kann man das Rad am besten vorbereiten. Jessica hat beide Hände auf die Bank gestützt und hebt ihre Beine beim Sprung so hoch sie kann. Die Beine sollen dabei gestreckt sein.

So geht das Rad

Jessica beginnt auf ihrem rechten Bein und landet auf ihrem linken Bein. Auf einer geraden Linie bewegt sie sich vom Fuß auf die Hand und von der Hand auf den Fuß.

Ein Bein heben

1 Jessica hebt ihre Arme zu Beginn nach oben und streckt ihr linkes Bein gerade nach vorn.

Die Hand aufstützen

2 Während sie auf ihrem linken Fuß landet und ihr rechtes Bein hebt, stellt sie ihre linke Hand auf den Boden.

Einhändig
Jessica schafft es sogar, ein Rad nur mit einer Hand zu turnen. Wenn sie noch mehr übt, gelingt es ihr vielleicht mal ein Rad ganz ohne Hände zu machen.

„Ich kann vier Räder hintereinander turnen!"
Jessica

Das Gewicht auf den Arm verlagern

Landen auf dem gestreckten Bein

3 Jetzt verlagert Jessica ihr ganzes Gewicht auf die Arme und schwingt ihre Beine gestreckt über ihren Körper.

4 Wenn sie sich beim Rad auf beide Hände stützt, machen ihre Beine in der Luft einen Spagat.

5 Schließlich stellt Jessica ihr rechtes Bein auf und drückt sich kräftig mit ihrer rechten Hand vom Boden ab, um wieder zum Stehen zu kommen.

Jasmin streckt ihre Arme und Beine zu beiden Seiten aus. Das sieht aus wie ein Stern. Wenn du Finger und Zehen streckst, denke daran, sie geschlossen zu halten.

Springen

Springen ist toll! Es gibt den geschlossenen Sprung, bei dem du mit beiden Beinen abspringst und landest, und den Schrittsprung, bei dem du mit einem Fuß abspringst und auf dem anderen landest. Wer von den Mädchen kann wohl am höchsten und am weitesten springen und wer hat die beste Haltung? Es gibt verschiedene Arten zu springen und unterschiedliche Haltungen, die man dabei einnehmen kann. Beim Turnen gehören Sprünge zur Bodenkür wie auch zu den Übungen an den Geräten.

Drehsprünge

Nachdem du gelernt hast, auf der Stelle zu springen, kannst du versuchen, dich dabei in der Luft zu drehen. Zuerst eine Vierteldrehung, dann eine halbe und schließlich eine volle Drehung. Ärgere dich nicht, falls du anfangs das Gleichgewicht verlierst! Versuche dich in beide Richtungen zu drehen. Sicher hast du eine Lieblingsrichtung.

Die Arme strecken | *In die Knie gehen* | *Schwung holen* | *Springen und drehen*

1 Tina beginnt den Sprung ganz gestreckt. Sie steht gerade und streckt die Arme über den Kopf.

2 Um so hoch wie möglich zu springen, geht Tina in die Knie und führt ihre Arme hinter den Körper, um Schwung zu holen.

3 Tinas Arme schnellen im gleichen Moment nach vorn, wenn sie sich zum Sprung vom Boden abdrückt.

4 In der Luft dreht Tina ihren Körper zur Seite. Dabei sind ihre Arme und Beine völlig gestreckt.

Melanie sieht beim Spagatsprung fast aus, als würde sie fliegen.

Der Bücksprung

Hocksprung

„Bei jedem Sprung versuche ich noch weiter zu kommen."
Melanie

Der Hockspreizsprung

Landung auf beiden Beinen

5 Bei der Landung auf beiden Beinen geht Tina leicht in die Knie. Landet man mit gestreckten Beinen, kann man sich verletzen.

Figuren springen

Auf dem Trampolin springen die Mädchen besonders hoch. Je höher sie springen, umso mehr Zeit haben sie, Figuren in der Luft zu machen. Es macht Spaß viele unterschiedliche Haltungen auszuprobieren.

Der Pferdsprung

Jetzt ist der Pferdsprung an der Reihe. Anfangs benutzen die Mädchen ein Sprungbrett, um die einfachen Sprünge aufs und über das Pferd zu turnen. Wenn sie das ohne Probleme schaffen, können sie versuchen nur ihre Hände zu benutzen, um aufs Pferd zu kommen. Mit viel Übung können sie vielleicht irgendwann schwierige Sprünge mit Drehungen in der Luft turnen.

Bevor es mit den Sprüngen übers Pferd losgeht, helfen die Mädchen beim Aufbauen. Die Weichbodenmatte ist ganz schön schwer!

Federn auf dem Sprungbrett

Melanie übt kleine Sprünge auf dem Sprungbrett. Wie ein Ball federt sie auf und ab. Ihre Beine sind gestreckt.

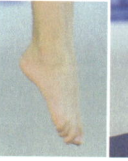

Pferdsprung mit Sprungbrett

Als Erstes lernt man den Anlauf und den Absprung vom Sprungbrett. Ein guter, schneller Anlauf ist wichtig, um hoch zu springen. Ziehe dabei die Knie an und laufe auf Zehenspitzen. Mit einem kleinen Sprung landest du schließlich mit beiden Beinen gleichzeitig auf dem Sprungbrett. Etwa 20 cm vom erhöhten Ende entfernt, schleudert dich das Brett am höchsten. Und je höher du bist, um so besser wird dir der Sprung übers Pferd gelingen.

Absprung *Sprung* *Landung*

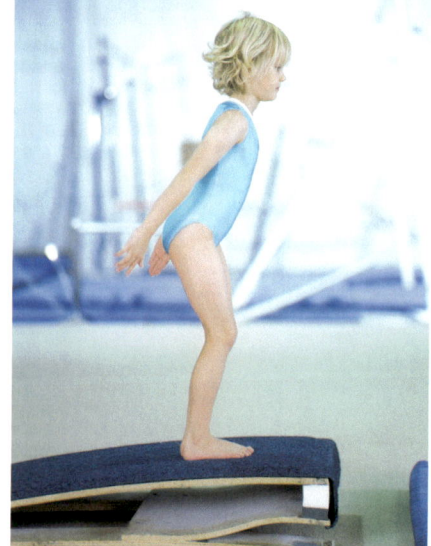

1 Beim Absprung hat Jessica ihre Füße geschlossen und ihre Arme sind hinter ihrem Körper.

2 In der Flugphase ist Jessica völlig gestreckt, von den Fußspitzen bis zu den Fingern.

3 Jessica landet mit beiden Beinen gleichzeitig, ihre Knie und Knöchel sind zur Sicherheit gebeugt. Danach geht sie in den gestreckten Stand.

1 Aufhocken   2 Grätsch-
sprung

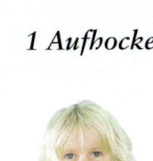

Die Grätsche ist eine der ersten Übungen, die du am Pferd lernst. Jessica hockt auf, dann stellt sie ihre Hände ans Ende des Pferdes und macht den Grätschsprung nach unten.

Der Grätschsprung

Grätsche übers Pferd

Für den Grätschsprung wurde das Pferd seitlich aufgestellt. Tina springt vom Sprungbrett ab und greift nach vorn. Sie stellt ihre Hände so auf das Pferd, dass sie darüber springen kann. Sie muss sich konzentrieren, um ihre Beine hoch und weit genug zu grätschen, damit sie nicht am Pferd hängen bleibt. Hinter dem Pferd schließt sie die Beine wieder zur Landung.

Grätsche übers Pferd

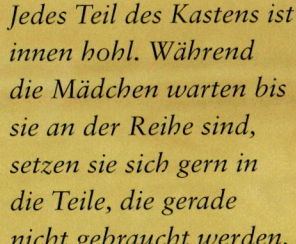

Jedes Teil des Kastens ist innen hohl. Während die Mädchen warten bis sie an der Reihe sind, setzen sie sich gern in die Teile, die gerade nicht gebraucht werden.

Der Kasten

Die Kinder springen über einen Kasten, der aus mehreren Teilen besteht, sodass die Höhe an die Größe der Kinder angepasst werden kann. Das oberste Teil ist mit rutschfestem Leder überzogen.

Der Schwebebalken

Auf dem Schwebebalken zu turnen, der nur 10 cm breit ist, verlangt viel Übung, Selbstvertrauen und einen guten Gleichgewichtssinn. Zuerst werden die Übungen auf dem Boden trainiert, dann auf dem Übungsbalken, später auf dem hohen Schwebebalken. Der Schwebebalken ist mit Matten abgesichert, falls jemand herunterfällt. Zunächst versuchen die Mädchen einfach anmutig und ohne zu wackeln über den Schwebebalken zu laufen. Wenn sie sich sicher fühlen, können sie schwierigere Übungen probieren.

Tippelschritte
Jessica muss auf dem Schwebebalken zur Kontrolle nach unten schauen, wenn sie ein Bein beugt und das andere nach unten streckt. Tina hat schon mehr Sicherheit und kann ihren Kopf aufrecht halten und nach vorn blicken.

Auf den Schwebebalken kommen
Es gibt viele unterschiedliche Varianten, um am Anfang einer Schwebebalkenkür auf den Schwebebalken zu kommen. Oft wird zum Aufgang, seitlich oder am Ende des Balkens, ein Sprungbrett benutzt.

1 Melanie steht seitlich neben dem Schwebebalken und legt ihre Hände flach darauf.

2 Als nächstes drückt sie sich mit ihren Armen und Beinen in die Handwaage.

3 Ohne ihre Haltung zu verändern, dreht sich Melanie zur Seite.

4 Sie beendet den Aufgang sitzend mit gestreckten Beinen. Für den Abgang kannst du entweder einen Sprung, einen Salto oder einen Handstand machen.

Auch wenn unter dem Schwebebalken Matten liegen, brauchst du anfangs ein bisschen Mut, um auf dem Balken zu turnen.

„Ich versuche nicht zu wackeln!"
Jessica

Mit den Händen an den Hüften auf einem Bein zu stehen ist eine gute Übung für Hanna, um das Gleichgewicht auf dem Schwebebalken zu halten und die Körperbeherrschung zu trainieren.

Zu Beginn laufen Jessica, Jasmin und Tina ganz langsam und auf Zehenspitzen über den Schwebebalken. Mithilfe der Arme halten sie Balance.

Der Stufenbarren

Heute darf Jessica zum ersten Mal am Stufenbarren turnen. Sie kann es kaum erwarten. Es gibt zwei Holme, die ein Stück voneinander entfernt stehen, einen hohen und einen niedrigen. Zuerst lernt Jessica am niedrigen Holm zu turnen. Tina ist geübter und kann schon von einem Holm zum anderen springen und unterschiedliche Schwünge und Drehungen zeigen.

Magnesia
Bevor die Turner an den Barren gehen, reiben sie sich ihre Hände ordentlich mit Magnesia ein. Es verhindert, dass die Hände schwitzen und sie beim Turnen abrutschen.

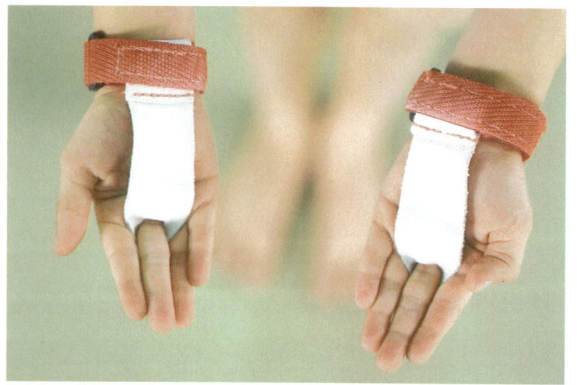

Die Riemchen
Sie werden je nach Größe der Hand an einem oder zwei Fingern getragen, um die Handflächen vor Blasen zu schützen. Für den perfekten Halt ist es wichtig, dass sie genau passen und nicht zu groß sind.

Erste Schwünge
Beim Schwingen kommt es darauf an, die Bewegung zu kontrollieren und sich seiner Körperhaltung bewusst zu werden. Am besten beginnst du mit kleinen Schwüngen.

Katie hilft Jessica am niedrigen Holm in den Stütz.

1 Katie gibt Jessica bei ihrem ersten Schwung Hilfestellung. Sie hält ihr Handgelenk, während Jessica Schwung holt. In den Schultern versucht Jessica locker zu bleiben.

2 Jessica schwingt so hoch sie kann.

2 Tina drückt ihre Füße gegen den Holm. Jetzt zieht sie kräftig mit den Armen und dreht sich rückwärts um die Stange.

3 Sie löst ihre Füße vom Holm, schließt die Beine und streckt ihren Körper, bevor sie die Stange loslässt.

Flugphase

4 Tina fliegt durch die Luft nach vorn und landet auf ihren Füßen.

Der Abgang
Es gibt viele Möglichkeiten für einen Abgang vom Barren. Tina übt einen Unterschwung aus der Grätsche.

„Schau mal, gleich fliege ich!"
Tina

Katie hilft Tina in der Grätsche, das Gleichgewicht auf dem Barren zu halten.

Sarah überreicht allen Mädchen ihre Urkunde. Sie freut sich, dass alle so fleißig trainiert haben.

Geschafft!

Was für ein aufregender Tag für Jessica und ihre Freundinnen! Die Trainerin Sarah hat die Mädchen während der letzten Monate genau beobachtet. Sie hat zugesehen, wie sie sich bewegen und überprüft, ob sie die Übungen richtig turnen. Nun ist es geschafft, alle haben den Grundkurs bestanden und jede bekommt eine Urkunde!

Der Sprung

Der Salto

Beim Salto dreht man sich in der Luft. Es gibt einen Vorwärtssalto und einen Rückwärtssalto. Sie können in unterschiedlichen Variationen ausgeführt werden. Melanie lernt, wie man einen gebückten Salto vorwärts turnt. Sarah unterstützt sie bei der Drehung. Diese kleine Hilfestellung ermöglicht Melanie, die neue Übung sicher ausführen zu können und den gesamten Bewegungsablauf zu spüren.

Beugen  *Beine anziehen*  *Die Landung*

1 Mit dem Sprungbrett schafft es Melanie so hoch zu springen, dass sie den Salto gut turnen kann.

2 In der Luft hilft Sarah Melanie ihren Körper richtig zu beugen. Sie drückt ihren Kopf nach unten und hebt ihre Hüfte nach oben.

3 Melanie zieht ihre Knie bis an die Brust. Dann dreht sie sich in der Luft.

4 Nach der Drehung streckt sich Melanie wieder. Ihre Knie bleiben für die Landung jedoch gebeugt.

Das Krafttraining

Da die grundlegenden Übungen nun erlernt sind, können sich die Mädchen auf das Aufwärmen und das Krafttraining konzentrieren. Melanie kann inzwischen mit gegrätschten Beinen am Seil hoch klettern. Sie zieht sich nur mit der Kraft ihrer Arme nach oben.

Die Schnitzelgrube

Um so schwierige Übungen wie den Salto besser und sicherer üben zu können, benutzt man am besten die Schnitzelgrube. Natürlich macht es auch eine Menge Spaß, sich in die weichen Polster fallen zu lassen!

„Beim Turnen findet man schnell Freunde."
Tina

Jasmin hilft Tina bei den Situps, indem sie ihre Füße festhält. Gleich ist Jasmin dran.

31

Die Bodenkür

Die Mädchen können es kaum erwarten, Isabell bei ihrer Bodenkür zu sehen. Sie wissen, dass Isabell hart dafür trainiert hat.

Nach dem Grundlagentraining sollen die einzelnen Übungen nun nacheinander in einer Abfolge geturnt werden. Isabell gehört zur Mädchenriege im Verein. Sie trainiert jeden Tag und nimmt an Wettkämpfen teil. Die Mädchen sind ganz aufgeregt, als sie kommt, um ihnen ihre Bodenkür zu zeigen. Die vielen Drehungen und Sprünge sind atemberaubend.

Einige Elemente in Isabells Bodenkür sind sehr ruhig. Hier hat sie viel Zeit für die perfekte Haltung.

Hier zeigt Isabell eine Balanceübung auf einem Bein. Sie steht dabei ganz sicher. Danach folgen einige originelle Tanzschritte.

Isabell beendet die Kür im Kniestand mit ausgestreckten Armen und einem Lächeln.

Die Bodenkür

Zu Isabells Training gehört auch das Tanzen. Sie turnt ihre Kür mit Musik und muss die Stimmung der Musik in ihren Bewegungen spiegeln. Das Tanztraining hilft Isabell auch, ihre Bewegungen so flüssig und elegant wie möglich zu turnen.

Dieser Teil der Kür ist unglaublich schnell und dynamisch. In ihren Sprungteil hat Isabell einen Handstandüberschlag und einen Flickflack eingebaut.

Jessica, du bist dran!

Angespornt durch Isabells Kür, können es die Mädchen kaum erwarten, einige Übungen selbst zu probieren. Isabell hilft Jessica einen Bogengang zu turnen. Wenn Jessica ihn gut kann, darf sie ihn in ihre eigene Übung einbauen.

Um Jessica die richtige Hilfestellung zu geben, stellt Isabell sich neben sie. Sie versichert sich, dass ihre Hand wirklich in der Mitte von Jessicas Rücken ist.

Isabell zeigt den anderen Mädchen einen Spagat auf dem Schwebebalken.

Schwebebalken für Fortgeschrittene

Isabell bleibt noch ein wenig, um den Mädchen ein paar Übungen für Fortgeschrittene zu zeigen und sie bei ihrem Training zu unterstützen. Im Wettkampf muss Isabell am Schwebebalken, genau wie am Boden, eine Kür von 70 bis 90 Sekunden turnen. Balance-Elemente, Sprünge und Drehungen sollen dabei fließend ineinander übergehen.

Rolle vorwärts auf dem Balken

Auf dem Boden turnt Tina die Rolle vorwärts ohne Probleme. Auf dem hohen Balken ist es schwieriger, aber Tina schafft es.

Die Tick-Tack-Übung

Eine Übung aus Isabells Kür besteht aus einem halben Bogengang vorwärts und einem Bogengang rückwärts. Sie heißt Tick-Tack-Übung, da die Beine zuerst in die eine und sofort wieder in die andere Richtung bewegt werden, wie das Pendel bei einer alten Standuhr.

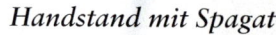

Ein Bein anheben   **Handstand mit Spagat**   **Brücke mit Spagat**

Isabell nimmt die Anfangsposition ein: die Arme zur Seite gestreckt und das rechte Bein vorn.

1 Sie stützt beide Hände auf den Schwebebalken und hebt ihr rechtes Bein nach hinten hoch.

2 Jetzt steht sie auf ihren Händen. Ihre Beine hält sie im Spagat.

3 Isabell stellt ihr rechtes Bein auf den Balken, das linke zeigt gerade nach oben.

Gegrätschter Aufgang mit Schweizerhandstand

Isabell beginnt ihre Kür mit einem beeindruckenden Aufgang.

Jetzt ist Jasmin dran

Jasmin will einen Handstand auf dem Übungsbalken turnen. Isabell stützt Jasmins Beine. Wenn Jasmin sich auf dem Übungsbalken ganz sicher fühlt, kann sie es auf dem hohen Balken versuchen.

Hilfestellung

Handstand mit Spagat

4 Nun drückt sie sich mit Armen und Beinen ab und steht wieder im Handstand mit Spagat.

Linkes Bein absetzen

5 Langsam führt Isabell ihr linkes Bein nach unten, bis sie wieder steht wie im ersten Bild.

Perfekter Stand

6 Isabell ist in die Ausgangsposition zurückgekehrt. Sie hat die Tick-Tack-Übung geschafft.

Gerätturnen für Jungen

Thomas und Nils müssen zweimal 20 Liegestütze machen. Sie kräftigen dabei ihre Armmuskulatur, sodass sie ihr Körpergewicht später an den Geräten selbst halten können.

Thomas und Nils sind in der Riege der Jungen. Sie lernen fast die gleichen Übungen wie die Mädchen. Sowohl Mädchen als auch Jungen müssen stark und beweglich sein und über eine gute Koordination verfügen. Im Kunstturnen unterscheiden sich einige Geräte. Statt am Schwebebalken und dem Stufenbarren turnen die Jungen am Pauschenpferd, den Ringen, dem Seitpferd, dem Barren und dem Reck.

Das Aufwärmtraining

Besonders wichtig ist für die Jungen an den Geräten Kraft und Körperkontrolle. Um ihre Muskeln optimal aufbauen zu können, sind ins Aufwärmtraining viele Kraftübungen integriert. Außerdem gehört eine Bodenkür mit Stöcken dazu. Hier werden speziell die Armmuskeln gefördert, die Schultern geschmeidig gemacht und die Beweglichkeit gesteigert.

1 Die Jungen beginnen ihre Übung in der Ausgangsposition. Sie stehen ganz gerade.

2 Sie nehmen die Stöcke und führen sie vor ihrem Körper gerade nach oben.

3 Jetzt beugen sie sich nach vorn und führen ihre Arme gestreckt über den Kopf nach oben.

4 Mit gestreckten Armen, den Stock hinter dem Rücken, stehen sie auf.

Die Bodenkür

Eine Bodenkür gibt es sowohl für Mädchen als auch für Jungen. Auch wenn die Jungen nicht wie die Mädchen zu Musik turnen, müssen sie auf künstlerischen Ausdruck achten.

Ein Eimer, der an einem Seil an der Decke befestigt ist, unterstützt Nils bei den Drehungen. Nils kann sich auf seine Arme konzentrieren, während seine Beine vom Eimer gehalten werden.

„Ich schaffe zehn Umdrehungen!"
Thomas

Der Pilz
Bevor die Jungen am Pauschenpferd trainieren, lernen sie die Drehung auf dem Pilz.

Das Pauschenpferd
Thomas hat gerade erst angefangen, an diesem Gerät zu üben. Das Pauschenpferd erfordert viel Kraft und Konzentration. Später wird er lernen, wie man auf einer Hand balanciert und gleichzeitig die Beine über die Griffe schwingt.

Ringe und Barren

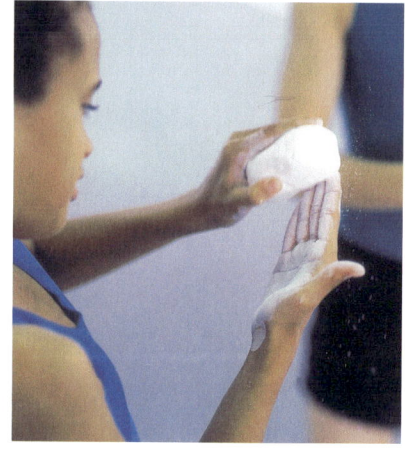

Magnesia
Thomas und Nils reiben ihre Hände sorgfältig mit Magnesia ein. So können sie die Ringe und den Barren prima greifen.

Die Jungen brauchen viel Kraft, wenn sie an diesen beiden Geräten turnen. Die Ringe zählen zu den schwierigsten Geräten beim Turnen. Die Jungen müssen lernen, verschiedene Figuren zu turnen und diese dann zu halten. Wenn sie die statischen Elemente beherrschen, lernen sie, wie man von einer in die nächste Position schwingt, ohne die Seile oder Ringe zu berühren. Am Barren lernen die Jungen verschiedene Positionen ober- und unterhalb der Holme.

Los geht's!

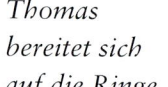

Thomas bereitet sich auf die Ringe vor.

Wenn du das erste Mal an den Ringen übst, wird dir dein Trainer sicher helfen. Thomas ist schon stark genug. Er schafft den Aufgang allein.

Los geht's! *In den Stütz* *Kopfüber*

  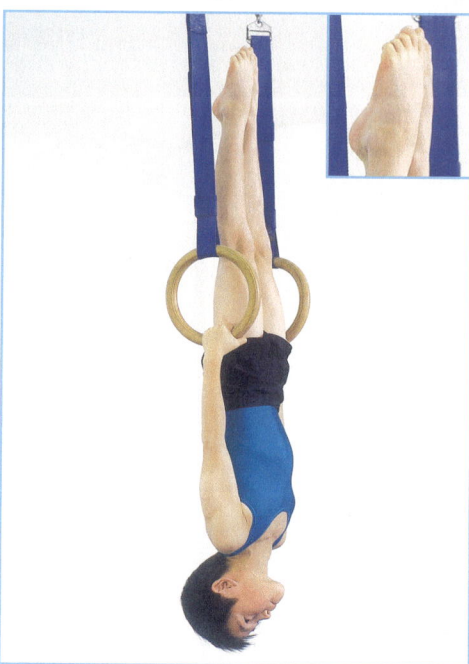

1 Thomas greift sich die Ringe. Er zieht seine Schultern nach hinten und beugt die Arme. Sein Kopf bleibt gerade und er blickt nach vorn.

2 Dann drückt er sich in den Stütz. Das schafft er allein durch die Kraft in seinen Armen.

3 Thomas hängt kopfüber an den Ringen. Er konzentriert sich darauf, seinen Körper bis in die Fußspitzen zu strecken.

Der Barren
Thomas übt den Handstand erst einmal auf dem Übungsbarren.

Nach vorn schwingen

Nach hinten schwingen

Der Handstand
Für diese Übung brauchst du Kraft, Körperkontrolle und eine gute Balance.

1 Aus dem Winkelstütz hebt Thomas seine Beine hoch. Gleich schwingt er sie nach hinten.

2 Jetzt schwingt Thomas nach hinten in den Handstand und hält ihn.

„Jetzt schaffe ich den Winkelstütz!"
Nils

Nils streckt seine Beine gerade nach vorn und versucht sie so ruhig wie möglich zu halten.

Gib mir Fünf!
Am Ende der Stunde klatschen sich Thomas und Nils ab. Sie haben wirklich hart trainiert.

Melanie hofft, dass den Punktrichtern die Kür, die sie am Stufenbarren trainiert, gefallen wird.

„Ich will einfach nur mein Bestes geben!"
Tina

Üben für den Wettkampf

Am Ende des Kurses nehmen die Kinder an einer Meisterschaft teil. Alle sind sehr aufgeregt und trainieren fleißig ihre Übungen an den unterschiedlichen Geräten. Jeder will eine tolle Leistung zeigen.

Die Aufführung

Es kann gut sein, dass du vor deinem ersten Auftritt oder Wettkampf etwas aufgeregt bist. Das ist ganz normal. Das Wichtigste ist, dass du dein Bestes gibst und Spaß dabei hast. Wenn du einen Feher machst, ist das gar nicht schlimm – turne deine Kür einfach weiter. Wenn du Selbstbewusstsein und Freude ausstrahlst, wird sich das Publikum mit dir freuen.

Sarah gibt Jessica Hilfestellung bei der Arabesque. Jessica hofft, dass sie es beim Wettkampf ohne Wackeln schafft.

Hannas Bodenkür

Jeder Turner hat sein Lieblingsgerät, mit dem er am besten zurecht kommt. Hanna mag alle Geräte, aber sie turnt am liebsten am Boden. Ihr macht es großen Spaß, ihre Übungen zur Musik zu zeigen.

Sprungtraining

Jasmin übt einen Handstandüberschlag auf der Matte. Beim Wettkampf werden der Absprung, der Überschlag selbst und die Landung extra bewertet.

Der Handstandüberschlag hat geklappt! Stolz grüßt Jasmin die Preisrichter.

Arabesque

Es funktioniert! Jessica erinnert sich an den Tipp, den ihr die Trainerin gegeben hat: Beim Balancieren immer gerade nach vorne schauen. Ganz langsam hebt sie ihr Bein und ... Kein Wackler! Was für eine tolle Leistung!

Die Meisterschaft

Endlich. Heute findet der Wettkampf statt. Die Kinder haben für den besonderen Tag extra neue Anzüge bekommen. Alle haben fleißig geübt und sind jetzt schon Gewinner.

„Das war der schönste Tag meines Lebens!"
Jessica

Das harte Training hat sich für Melanie gelohnt. Sie hat alle Geräte hervorragend gemeistert.

Hanna hat sich so darauf gefreut ihrer Familie all die Sachen zu zeigen, die sie gelernt hat. Nun kann sie es kaum erwarten, ihnen ihre Medaille zu präsentieren.

Bevor der Wettkampf beginnt, ist Tina ganz schön nervös. Aber als es losgeht, ist die Aufregung wie weggeblasen. Sie ist schon ein richtiger Profi.

Die Meisterschaft der Jungen

Die Jungen haben zwei Geräte mehr als die Mädchen und ihre Übungen dauern etwas länger. Aber Thomas und Nils zeigen zwei medaillensichere Vorführungen. Was für ein wunderbarer Tag!

Hanna

Jessica

Tina

„Eines Tages turne ich vielleicht bei Olympia."
Hanna

Jasmin *Melanie und Isabell* *Thomas und Nils*

Der Traum von Olympia

Jedes Kind stellt sich gern vor, was später einmal sein wird. Diese viel versprechenden jungen Turner werden sicher weiter trainieren. Sie lieben ihren Sport! Wenn sie richtig gut sind, schaffen sie es vielleicht sogar zu den Olympischen Spielen. Was für ein toller Traum!

Begriffe

B

Barren – zwei Holme, die gleich hoch sind und dicht beieinander stehen.
Brücke – bei dieser Übung bleiben Hände und Füße auf dem Boden und der Rücken wird in Form einer Brücke nach oben gedrückt.

H

Handstand – auf den Händen balancieren, die Beine zeigen nach oben.
Handwaage – die Beine werden gegrätscht vom Boden abgehoben. Das Körpergewicht ruht auf den Händen.

K

Kopfstand – eine Balance auf Händen und Kopf, bei der die Beine nach oben zeigen.

M

Magnesia – reiben sich Turner in die Hände, um zu verhindern, dass sie abrutschen.

P

Pauschenpferd – ein Sprungpferd mit zwei Handgriffen in der Mitte.
Pferd – Ein Gerät, an dem Jungen und Mädchen verschiedene Sprünge turnen.

Q

Querspagat – die Beine zur Seite ausstrecken.

R

Rad – eine Drehbewegung, die auf den Händen geturnt wird. Die Beine schwingen dabei über den Kopf.
Riemchen – verhindern, dass man Blasen an den Handflächen bekommt.

S

Salto – sich in der Luft um die eigene Querachse drehen. Es gibt einen Vorwärts- und einen Rückwärtssalto.
Schiffchenposition – diese Haltung kann man sowohl in Bauchlage als auch in Rückenlage einnehmen. Es werden jeweils Arme und Beine vom Boden abgehoben.
Schwebebalken – ein Balken, der 5 m lang und 10 cm breit ist.
Schweizerhandstand – die Ausgangsposition ist die Handwaage. Dann wird der Po nach oben gezogen und die Beine in den Handstand gestreckt.
Spagat – ein Bein nach vorn und das andere nach hinten ausstrecken.
Standspagat – ein Bein nach oben spreizen.
Stufenbarren – zwei Holme, verschieden hoch, ein Stück voneinander entfernt.

T

Tick-Tack – stehender Begriff für Bogengang vorwärts gefolgt von Bogengang rückwärts.
Tiefer Ausfallschritt seitwärts – ein Knie ist gebeugt, das andere Bein wird zur Seite ausgestreckt.

U

Übungsbarren – zwei parallele Holmen auf dem Boden.

V

Winkelstütz – man ist auf die gestreckten Arme gestützt und die Beine zeigen gerade nach vorn.

Register

A
Arabesque 41, 42
Aufwärmtraining 8, 9, 31, 36

B
Barren 39
Bodenkür 32
Brücke 14, 15
Bücksprung 23

D
Dehnen 10, 11

F
Flickflack 33

G
Grätsche 17, 25, 29, 31

H
Handstand 19, 35
Handstand mit Spagat 34, 35
Handstandüberschlag 33, 41
Handwaage 26

Hilfestellung 14, 28, 38
Hockspreizsprung 23

J
Japaner-Spagat 11

K
Kasten 25
Kopfstand 18
Krafttraining 14, 31, 36

L
Liegestütz 36

P
Pauschenpferd 37
Pferdsprung 24, 25
Pilz 37

Q
Querspagat 12

R
Rad 20, 21
Riemchen 28
Ringe 38
Rolle rückwärts 17
Rolle vorwärts 16, 17, 34

S
Salto 30, 31
Schiffchenposition 14, 28
Schnitzelgrube 30
Schwebebalken 26, 34, 40, 41, 42
Schweizerhandstand 35
Seilklettern 14, 30
Situps 31
Spagat 12, 13, 34
Sprossenwand 14
Sprungbrett 16, 24, 31
Sprünge 22, 23
Stufenbarren 28

T
Tick-Tack-Übung 34
Tippelschritte 26

U
Übungsbarren 37

W
Winkelstütz 39

Dank

Dorling Kindersley dankt den folgenden Personen und Institutionen für ihre Hilfe bei der Vorbereitung und Herstellung des Buches:
Dem Heathrow Gymnastics Club, Green Lane, Hounslow, Middlesex, TW4 6DH (www.heathrowgymnastics.org.uk), für die freundliche Genehmigung, dort zu fotografieren.

Besonderer Dank gilt Vincent Walduck, der die Fachberatung übernommen hat und den TrainerInnen Sarah Fiander, Katie Cannon und John Dalglish, die die Kinder so gut betreut haben, den Turnerinnen und Turnern Isabel Baxter, Jessica Ramsey, Tyra Jakeman, Tiggy Idelson, Hannah Lim, Molly Bevan, Miles Barrow und Thomas Gibbs. Gedankt sei auch Michele Walduck, Kate Simkins und Patsy Burrell, die die wunderschönen Anzüge entworfen und angefertigt haben, dem Fotografen David Handley und seinem Assistenten Rob Mason.